LE FALLOUXÉRA

OU LA FUSION

LE
FALLOUXÉRA

OU LA FUSION

—

Lettre à M. le comte de Falloux,

PAR

M. E. BENEZET

Rédacteur en chef de l'*Echo de la Province*,
Président du Congrès de la presse catholique et royaliste de province.

Catholique avec le Pape,
Royaliste avec le Roi.

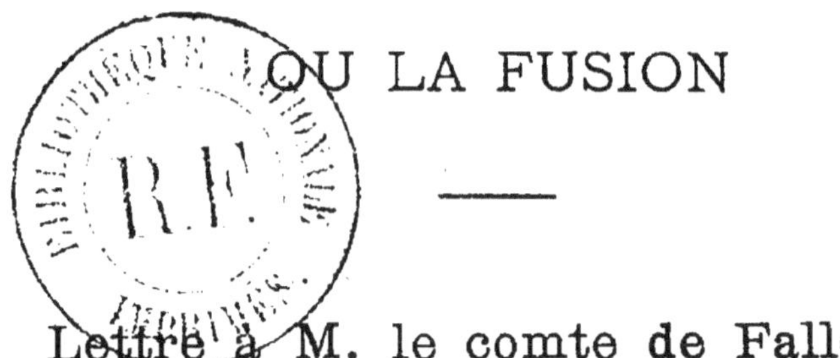

TOULOUSE

IMPRIMERIE L. HÉBRAIL, DURAND & DELPUECH
5, RUE DE LA POMME, 5.

—

1875

LE FALLOUXÉRA

OU LA FUSION

Lettre à M. le comte de Falloux.

Toulouse, le jour des Rois, 6 janvier 1875.

Monsieur le Comte,

Ma lettre n'est pas une déclaration de guerre, mais plutôt un appel à la concorde et à l'union. Je n'ai d'autre but que d'exposer aussi nettement que possible la situation des deux partis que le malheur des temps a formés dans le camp légitimiste; de dire l'origine de cette division, les points de doctrine qui nous séparent, les résultats funestes qu'a déjà produits et ceux plus funestes encore que peut produire cette lutte fratricide.

Je n'ai certes pas l'intention de vous faire de la peine, mais je crois que le temps est venu de dire toute la vérité. Les déguisements, les effacements n'ont jamais rien produit de bon, et en ce moment, ils ne feraient que prolonger les malentendus. Au surplus, le compliment le plus flatteur qu'on puisse adresser à un homme, c'est de lui dire la vérité, même quand on est sûr de lui déplaire ; on lui prouve par là qu'on le croit digne de l'entendre.

Le titre donné à cet écrit ne renferme lui-même aucune intention blessante. Il m'a paru résumer la pensée contenue dans les lignes qui vont suivre et indiquer la part que vous avez prise aux divisions dont nous pâtissons tous. Mais croyez bien que j'ai fait en moi-même, comme je le fais hautement ici, toutes les réserves nécessaires pour sauvegarder l'honorabilité de votre caractère et la sincérité de vos opinions religieuses et politiques.

Ce mot désigne donc une doctrine, et c'est cette doc-doctrine que je me propose d'étudier et de combattre. Voyons d'abord sa filiation.

I

L'union de la royauté avec l'Eglise avait fait la France ce qu'elle était. Elle lui avait donné sa civilisation, ses mœurs et ce caractère de chevaleresque loyauté qui lui avait valu les sympathies du monde-entier. C'est de là enfin que lui venait le titre glorieux de royaume très-chrétien et celui de fille aînée de l'Eglise.

Le pacte d'alliance fut renouvelé sur l'échafaud en 1793, et scellé du sang des martyrs qui moururent pour ces deux nobles causes, de telle sorte qu'après la grande tourmente, en 1815, l'Eglise et la Royauté se trouvèrent de nouveau et naturellement unies par leur affinité séculaire, par le souvenir de leurs malheurs communs et par la haine que leur vouèrent les mêmes ennemis. Il en résulta que, dans la pensée des populations, il existait une solidarité étroite entre ces deux institutions ; et les faits qui se passèrent en 1830, après la chute de de Charles X, étaient bien faits pour confirmer cette opinion.

Craignant pour l'Eglise les conséquences de cette solidarité, M. de Lamennais voulut séparer les intérêts du catholicisme de ceux de la légitimité, ne s'apercevant pas que le catholicisme était le véritable objectif des révolutionnaires, qu'ils s'en étaient d'abord pris à la royauté parce que, pour l'honneur de celle-ci, ils se sentaient obligés, pour atteindre l'Eglise, de passer sur les débris du trône. Cette première erreur du génie dévoyé l'entraîna dans une autre. Il eut prétention, comme d'autres l'eurent plus tard, de réconcilier le catholicisme avec le monde moderne. Ce fut sa perte.

Le parti qu'il avait créé ne périt pas avec lui. Il se reconstitua bientôt après sur des bases plus acceptables, mais sans autre résultat que de démembrer et d'affaiblir le parti légitimiste. Les hommes de talent qui le composaient n'obtinrent rien de ce gouvernement qu'ils fortifiaient par leur adhésion. Après une lutte longue, vigoureuse et acharnée contre l'Université, l'Université se trouvait en 1848 plus puissante et plus anticatholique que jamais, et il fallut, d'un côté, le retour de l'influence légitimiste; de l'autre, la peur du socialisme pour faire accorder aux catholiques une liberté tronquée, la liberté de l'enseignement secondaire.

Comme catholiques eux-mêmes, les royalistes ne pouvaient pas se désintéresser dans la question de la liberté d'enseignement. Ils prirent donc une large part à la lutte qui s'engagea sur ce terrain ; et cette action commune créa, sous le règne même de Louis-Philippe, des relations nombreuses et amicales entre les hommes éminents du parti légitimiste et ceux du parti catholique, relations qui devinrent plus fréquentes encore pendant la République ; et je ne sais pas si le contact de ces sceptiques de la politique n'occasionna pas chez plusieurs de nos amis un premier affaiblissement de leur foi de royalistes. Vous pourriez, peut-être, me renseigner à cet égard, si vous le vouliez.

Il se produisit bientôt après un autre fait.

Le désir d'assurer à la France la paix et le bon ordre, si profondément troublés par les complots des factions et par des insurrections sans cesse renouvelées, amena des tentatives de rapprochement entre les amis des princes d'Orléans et ceux de Mgr le comte de Chambord. C'est dans ce but que se forma la fameuse réunion de la rue de Poitiers. Il fut facile, dès le début, de prévoir l'inanité de ces tentatives. Le nom même de *fusion,* qu'on avait adopté, n'était pas heureux. On n'a pas oublié le mot de la *Gazette de France :* « La fusion, c'est la confusion. »

Ce mot si vrai faillit, du reste, créer un troisième parti; car pendant que le journal de M. de Lourdoueix repoussait *à priori* tout accommodement, Mgr le comte de Chambord voulait une réconciliation franche et loyale entre les deux branches de la maison de Bourbon, et faisait de cette réconciliation la base de sa politique.

Mgr le comte de Chambord avait seul raison. Repousser les princes d'Orléans, c'eût été de la rancune, et l'on n'a jamais fait de bonne politique en s'obstinant dans ses haines, quelque légitimes qu'elles puissent paraître. D'un autre côté, accepter la fusion de la légitimité avec l'usurpation, c'eût été, de la part du roi, reconnaître le droit révolutionnaire et abandonner, par conséquent, celui qu'il tient de la constitution séculaire de la France. Après un tel abandon, il n'aurait plus eu de raison d'être, et il ne lui eût resté qu'à se retirer et à laisser la place vide pour un de ses cousins. C'était là, du reste, que tendaient les meneurs de l'intrigue. Ils n'avaient dès lors et ils n'ont encore pour but que de contraindre, par un moyen ou par un autre, le petit-fils de Charles X à une honteuse abdication.

Le mot fut même prononcé; mais le noble prince coupa court à toute proposition de ce genre par cette belle parole : « On n'abdique pas un devoir. » Malheureusement cette idée d'abdication ne souleva pas d'assez énergiques, d'assez unanimes protestations parmi les royalistes qui fréquentaient la rue de Poitiers, et les meneurs purent conserver l'espoir de forcer la main au roi, avec le concours de ces royalistes à la foi chancelante.

N'ayant pu réussir en ce moment, les fauteurs de l'orléanisme aimèrent mieux laisser passer l'Empire que de *subir* la légitimité. Lorsque, en présence de la conspiration bonapartiste, les questeurs présentèrent une proposition pour assurer l'indépendance de l'Assemblée, les orléanistes firent défaut; la proposition fut repoussée à une majorité de plus de cent voix, et quinze jours après le coup d'Etat avait lieu.

Cet événement brisa tout. Les négociations pour la fusion furent nécessairement interrompues, et les polémiques qui s'étaient allumées autour de cette question s'éteignirent dans le silence de mort que le futur Empereur fit régner autour de lui; mais les éléments de la division continuèrent à subsister.

En même temps, le parti catholique se scindait : M. Veuillot et l'*Univers* d'un côté; M. de Montalembert et le *Correspondant* de l'autre; les catholiques autoritaires et les catholiques libéraux. Ces derniers furent long-temps sans influence apparente; les premiers, au contraire, prirent la tête et contribuèrent puissamment au succès des plébiscites de 1851 et de 1852.

Les services qu'ils rendirent à l'Empire leur donnaient le droit de tout· espérer de lui pour le bien de la religion ; il semblait même que ce gouvernement eût tout intérêt à favoriser l'expansion du catholicisme, qui pouvait lui donner un appui sérieux.

Quelle force n'aurait-il pas acquise, en effet, s'il eût rendu franchement à l'Eglise les libertés qui lui sont dues !

La déception fut d'autant plus complète pour ces catholiques que leurs espérances avaient paru plus fondées. Elle eut, du moins, pour résultat de ramener à nous le chef éminent de ce parti, dont l'existence nous avait si singulièrement affaiblis.

Après les deux expériences faites, sous le régime parlementaire de 1830 à 1848, et sous le régime autocratique de 1852 à 1870, il est évident pour tout esprit non prévenu, que l'Eglise n'a rien à attendre d'un gouvernement révolutionnaire quel qu'il soit, et qu'elle ne recouvrera son entière liberté que le jour où la France reviendra à cette royauté très-chrétienne que Dieu et le temps lui avaient faite, pour sa prospérité et pour sa grandeur. Et pourtant il y a encore un parti soi-disant catholique, qui s'attache aux expédients et qui compte sauver à la fois la France et l'Eglise par des formules révolutionnaires.

Ce parti s'était réfugié, avons-nous dit, dans le *Correspondant*, où il avait pris le titre de *parti Catholique libéral*, avec la devise des révolutionnaires italiens : *l'Eglise libre dans l'Etat libre*. Il fit d'abord fort peu de bruit ; mais il grandit plus tard par la double alliance qu'il contracta avec une portion du parti orléaniste et le groupe des légitimistes qui inclinaient le plus vers la fusion et le parlementarisme.

Je vous prie d'excuser la longueur de cet exposé dont vous connaissez bien mieux que moi tous les détails, et de me permettre encore quelques explications sur une autre question qui vint bientôt après, d'une façon malheureuse, augmenter les causes de dissidence et raviver les querelles à demi-éteintes entre les deux fractions du parti légitimiste. Tout cela m'a semblé nécessaire pour bien faire comprendre ma pensée.

Après l'élévation de Louis-Philippe, tout ce qu'il y avait de légitimistes dans l'armée, la magistrature et l'administration, refusa de prêter serment au gouvernement usurpateur. Ces royalistes généreux aimaient mieux renoncer à leurs positions, à des positions laborieusement acquises, nécessaires même à plusieurs d'entre eux, que de se montrer infidèles à leurs premiers serments. Plus tard, il fut en quelque sorte convenu qu'on pouvait entrer dans les fonctions électives et devenir conseiller municipal, conseiller général, député, sans cesser d'appartenir à l'opinion légitimiste. Ce fut comme une première invasion du parlementarisme dans le parti royaliste. Le serment exigé des électeurs et des élus fut considéré comme une formalité sans valeur. On affirma, sans hésitation, qu'en prêtant serment de fidélité au roi, à la charte constitutionnelle et aux lois du royaume, l'élu, comme l'électeur, ne s'engageait qu'à remplir consciencieusement ses devoirs et à n'avoir jamais en vue que le bien du pays. Il y eut à cet égard des consultations très-savantes qui furent publiées dans les journaux. Il y eut aussi de nombreux candidats qui prirent soin d'expliquer la signification de leur serment et qui déclarèrent nettement qu'en jurant fidélité au roi, ils se réservaient le droit de lui être infidèles à la première occasion. Le gouvernement n'osa point, par pudeur, protester contre cette interprétation.

Avec ces réserves et le silence de *l'autorité,* le serment n'était plus évidemment qu'une fiction légale ajoutée à toutes les autres fictions du régime parlementaire.

Fût-ce un bien? Fût-ce un mal? Nous n'avons pas à examiner cette question; mais la situation avait cessé d'être la même sous l'Empire. Avec ce cynisme qui n'appartenait qu'à lui, Louis Napoléon, qui venait de violer, à la face du monde, le serment prêté par lui seul à la Constitution républicaine de 1848, Louis Napoléon, dis-je, avait prétendu rétablir la sincérité et la sainteté du serment; il avait annulé les restrictions précédentes et avait interdit toute explication qui aurait pu dénaturer, altérer le sens de la formule légale ou en amoindrir la valeur.

C'était du machiévalisme pur; mais il n'en était pas moins vrai que celui qui, dans des telles conditions, prêtait serment de fidélité à ce parjure, se trouvait engagé envers lui. Consulté par plusieurs légitimistes, Mgr le comte de Chambord leur conseilla sans hésitation de s'abstenir de toute participation à l'élection de fonctionnaires qui devaient s'engager par serment à demeurer fidèles à la Constitution impériale, à une constitution qui donnait le trône de France au fils de la reine Hortense et à ses descendants, *à perpétuité.*

Je ne raconterai pas les incidents auxquels donna

lieu cette importante question. Je ne dirai rien non plus de celle du drapeau qu'avait soulevée fort inopportunément, en 1856, un journaliste de province ; mais un de vos *bons* journaux, *le Français*, me suggère une observation que je ne dois point négliger :

« Il y a toujours eu deux tendances dans le sein du parti royaliste, disait l'autre jour ce journal. La dissidence qui y éclate en ce moment, à propos des lois constitutionnelles, rappelle par beaucoup de points celle qui s'y était soulevée sous les régimes précédents au sujet de l'abstention. Les intransigeants d'aujourd'hui sont généralement les abstenants d'hier, et, bien que les questions ne soient pas identiques, leurs arguments sont à peu près analogues. Si l'on cherchait donc les raisons par lesquelles les royalistes clairvoyants et pratiques combattaient naguère l'abstention, on pourrait souvent les employer à combattre ceux qui refusent aujourd'hui d'organiser le gouvernement du maréchal. »

Il y a quelque chose de vrai dans cette remarque. Les fidélités fatiguées ou impatientes qui n'hésitèrent pas à laisser altérer le principe de la légitimité pour hâter l'heure de la restauration monarchique par une fusion malsaine, ne devaient voir qu'un faible obstacle dans le serment qu'on leur demandait. Ces mêmes hommes devaient incliner vers la cocarde révolutionnaire quand elle leur fut proposée, et se déclarer satisfaits quand l'Empire se montra disposé à « couronner l'édifice » en adoptant franchement les us et coutumes du parlementarisme.

Une défaillance appelle une défaillance nouvelle, et les sophismes qui poussent à la première servent souvent à justifier toutes les autres. Ceux dont la fidélité plus scrupuleuse et plus vivace avait résisté aux premiers entraînements et devait persister jusqu'à la fin, ne pouvaient opposer aux mêmes sophismes que les mêmes arguments.

Vous étiez dès lors « la fidélité qui résiste, » et vous invoquiez pour votre thèse l'intérêt même de la cause que vous nous proposiez d'abandonner. Vous nous reprochiez, dans ce but, notre petit nombre. « Ils ne « sont qu'une poignée, disiez-vous, et ils aspirent à « n'être qu'une pincée. » Nous ne pouvions vous répondre alors, car le gouvernement, auquel vous nous invitiez à prêter serment, avait supprimé presque tous nos journaux, et il ne permettait pas à ceux qui survivaient, en petit nombre, de vous suivre sur ce terrain, ce qui vous donnait beau jeu contre les *abstentionnistes;* mais chacun de nous vous adressait intérieurement cette réponse, que je puis écrire aujourd'hui : « Les légitimistes ne sont qu'une poignée, dites-vous! Seront-ils plus nombreux quand ceux qui le sont encore auront cessé de l'être? Non, il n'est pas exact de dire que nous aspirions à n'être qu'une pincée. Ce qui est vrai, c'est que nous voulons continuer d'être, même quand vous nous aurez réduits à l'état de *pincée,* parce que nous voulons à tout prix réserver l'avenir de la légitimité, qui est l'avenir même de la France. »

A l'époque dont nous parlons, en 1863, vous faisiez intervenir l'épiscopat. Trois archevêques et quatre évêques signèrent un écrit intitulé : *Réponse de plusieurs évêques aux consultations qui leur ont été adressées relativement aux prochaines élections.*

C'était au nom et dans l'intérêt de la religion que ces dignes prélats nous invitaient à prendre part au mouvement électoral. Si nous avions pu leur répliquer, nous leur aurions dit : « Nosseigneurs, vous placez vos devoirs de pasteurs au-dessus de tous les intérêts secondaires de la politique ; vous regardez tous vos diocésains comme vos enfants, à quelque catégorie qu'ils appartiennent ; vous avez parfaitement raison et nous sommes heureux de voir sur les siéges importants que vous occupez, des pasteurs qui comprennent ainsi leur devoir et le remplissent avec tant de zèle.

« Cela vous donne-t-il le droit de n'avoir pas d'opinion politique ? Nous n'avons pas à nous en préoccuper ; mais vous ne pouvez pas nous refuser celui d'avoir nous-mêmes des convictions ; et, si ces convictions sont sincères, fondées en raison et ne renferment rien qui nous mette en contradiction avec les prescriptions de l'Eglise ; si elles sont, au contraire, conformes aux traditions séculaires et incontestées de l'Eglise de France, d'accord elle-même, sur ce point, avec l'Eglise de Rome, vous devrez reconnaître qu'il est de notre devoir de demeurer fidèles à ces convictions et de régler sur elles notre conduite.

« Eh bien ! nous croyons qu'il faut à une nation une loi pour régler la succession au pouvoir, et que l'ordre, la paix, la prospérité ne peuvent régner dans un état, si le pouvoir suprême est livré aux hasards des révolutions et devient ainsi une prime constamment offerte au plus fourbe ou au plus audacieux.

« Nous croyons que quand cette loi existe, quelle qu'elle soit, on ne saurait la violer sans crime, parce qu'on ne saurait la violer sans porter le trouble et le désordre dans la nation, sans compromettre son indépendance ou même son existence.

« Nous croyons que l'usurpation est un des plus odieux

attentats qu'un homme puisse commettre, et que le succès ne saurait en aucune façon, ni justifier le crime, ni légitimer le pouvoir de l'usurpateur, ni amoindrir en quoi que ce soit les droits de celui à qui revient l'autorité en vertu de la loi nationale.

« D'autre part, il est notoirement connu de tous qu'une loi de ce genre a été établie en France et maintenue par une sorte de plébiscite quatorze fois séculaire et avec le concours de l'Eglise.

« Nous savons que cette loi a fait, dans le passé, notre force et notre grandeur, et que sa violation, en 1792 et en 1830, a été suivie de désordres et de malheurs sans nombre, dont la religion a ressenti elle-même les contre-coups.

« Nous sommes convaincus que la France ne remontera à son niveau et ne recouvrera l'ordre, la paix et le bonheur, que quand la loi nationale, qui a si longtemps réglé la succession au pouvoir, sera remise en vigueur.

« Nous croyons, en conséquence, qu'il est de notre devoir de protester par tous les moyens en notre pouvoir contre toute usurpation, ne fût-ce que pour empêcher la prescription d'une loi d'où doit sortir le salut du pays.

« Or que nous demande-t-on? D'abjurer ces justes convictions de toute notre vie, en faveur d'un aventurier sans foi ni loi, qu'un coup d'audace et de fortune a porté au pouvoir. On nous demande de consacrer par un serment ce pouvoir usurpé, dont il ne s'est servi que pour frapper la Papauté, dont il ne se servira certainement que pour en consommer la ruine; et cela, dans le vain espoir qu'en entrant nous-mêmes dans le gouvernemènt, nous pourrions peut-être contrarier ses tendances et amoindrir le mal qu'il doit faire.

« Permettez, Nosseigneurs, que nous résistions sur ce point à vos instances. Nous ne pouvons, en vérité, faire un tel sacrifice : *Non possumus.* »

Voilà ce que nous aurions répondu aux sept évêques signataires du mémoire dont il s'agit, si nous avions eu la plénitude de notre liberté. Et maintenant que pouvons-nous dire de plus à ceux qui nous demandent, — dans l'intérêt du pays, — une véritable apostasie? Oui, c'est bien vrai : les antifusionnistes de 1850, qui furent les abstenants de 1863, sont les intransigeants d'aujourd'hui. Quoi d'étonnant? Ceux qui nous engageaient à confondre l'usurpation avec la légitimité, qui, en 1856, jetaient inopinément sur le tapis la question du drapeau pour accentuer plus fortement nos divisions, ceux qui voulaient, plus tard, nous entraîner dans l'action électorale, ne sont-ils pas les mêmes que ceux qui nous poussent aujourd'hui à une suprême défection? N'ont-ils pas le même but? N'usent-ils pas des mêmes moyens pour tromper notre fidélité? Il ne faut donc pas s'étonner que nous leur opposions aujourd'hui des arguments analogues à ceux d'hier. On ne répond pas de deux façons différentes à des sophismes identiques.

Après avoir dit d'où vous venez, voyons ce qu'est votre doctrine.

II

Vous avez dévoilé le fond de votre pensée dans une série de lettres que vous avez écrites, en 1872, à M. Ernest de la Rochette, et dont vous avez publié quelques fragments, il y a peu de jours.

Je lis dans l'une de ces lettres :

« Vous me dites : « Nous ne voulons plus rien de la « Révolution, ni ses idées prétendues modernes, ni « son drapeau. » Vous allez ainsi beaucoup plus loin que le comte de Maistre, qui a été le maître de ma jeunesse, qui demeure l'admiration de mes vieux jours, et qui est admis sans contestation comme le philosophe le plus catholique et l'antagoniste le plus ferme de toutes les déviations religieuses ou monarchiques. Eh bien ! c'est M. de Maistre qui a dit, en 1798 ou 1799, et qui a constamment répété depuis : « Nous nous sommes « d'abord trompés sur la Révolution ; nous avons cru « que ce n'était qu'un événement, c'était une époque. » Permettez-moi de vous dire, mon cher ami, que s'inscrire contre cette parole, que refuser de faire un choix dans les idées saines et les idées fausses qui s'appellent la Révolution ou la société moderne, c'est entreprendre l'impossible et vouloir endiguer l'Océan avec le creux de la main. Tout le débat est donc dans le triage à faire du vrai et du faux, dans la part à accorder aux revendications équitables et aux concessions dangereuses. »

Croyez-vous sérieusement, M. le Comte, que si M. de Maistre vivait encore, il accepterait votre interprétation ? Croyez-vous qu'il nous conseillerait de biffer tout le passé de la monarchie française et « de faire un « choix dans les idées saines et les idées fausses qui « s'appellent la Révolution ou la société moderne ? » Non ; il tiendrait, comme nous, cet éclectisme pour fort dangereux.

Que faisons-nous, hélas ! depuis le commencement de ce siècle ? Pas autre chose que chercher dans le tas des idées révolutionnaires celles qui pourraient bien nous donner un peu de sécurité, d'ordre, de paix et de liberté, et nous n'y avons jamais trouvé que la négation, l'instabilité, la guerre civile et la guerre étrangère, agrémentées, de temps à autre, de despotisme et d'anarchie. Nous y avons trouvé par-dessus tout une division des esprits telle que, dans ce temps où l'on ne croit plus qu'à l'autorité du nombre, il est impossible de former une majorité pour un gouvernement quelconque.

M. de la Rochette vous demandait fort naturellement quelles sont les idées saines de la Révolution. Vous l'avez renvoyé à l'écrit que vous avez publié sur ce sujet dans le *Correspondant*.

Tout le monde, M. le Comte, n'a pas le temps d'étudier vos brillants travaux, et j'avoue que, malgré le plaisir que j'aurais à vous relire, il m'est impossible en ce moment de refeuilleter le *Correspondant* pour me rafraîchir la mémoire ; mais est-ce nécessaire ? Je ne le pense pas. *A priori*, je vous porte le défi de me citer une idée saine qui appartienne en propre à la Révolution, une idée vraie ayant cours dans le « monde moderne, » et que la Révolution n'ait pas empruntée au christianisme, presque toujours pour la dénaturer et la prendre à rebours.

Vous avez, je le crains, des préventions qui vous empêchent de considérer la Révolution sous son véritable aspect et de la voir telle qu'elle est. Dans son but et dans ses tendances, la Révolution est, à mon avis, une révolte de l'orgueil pour l'affranchissement des passions humaines; dans ses voies et moyens, c'est un déplacement du principe d'autorité, la substitution de l'homme à Dieu pour le gouvernement des âmes. Dans l'origine de ses inspirations, la Révolution, c'est le satanisme.

Ne vous récriez pas, M. le Comte; je parle de la Révolution et non de ses victimes. Quand les miasmes d'une maladie contagieuse envahissent une contrée et en infectent l'atmosphère, tout le monde en ressent plus ou moins les effets pernicieux, mais à des degrés différents, et c'est toujours, heureusement, le petit nombre qui succombe. Il en est de même de toute épidémie morale, de celle notamment dons nous aspirons les miasmes délétères depuis près d'un siècle. Tout le monde n'est pas également atteint du virus révolutionnaire. Il y en a, d'ailleurs, qui réagissent énergiquement contre le mal et lui opposent d'utiles antidotes.

Je vous range parmi ceux-ci, M. le Comte. Non-seulement vous êtes moins atteint que beaucoup d'autres, mais vous réagissez contre le mal par les efforts de votre belle intelligence et vous lui opposez l'antidote de votre foi de chrétien. Vous avez un tort, cependant, et un grand tort; c'est de ne pas reconnaître la malignité de la contagion et de vouloir en conserver le germe, parce que vous prenez les surexcitations de la fièvre qu'elle provoque pour un nouveau principe de vie et de santé.

Vous m'opposerez peut-être le *beau* mouvement de 1789, auquel nous revenons tous avec plus ou moins d'enthousiasme. Eh bien! voulez-vous que je vous dise en toute franchise ce que je pense de ce mouvement?

Le peuple français de 1789 m'a toujours paru ressembler à un jeune homme soigneusement élevé dans une famille chrétienne et en qui se réveillent tout à coup des passions tumultueuses qu'il ne sait plus maîtriser et l'impatience d'un joug qui les gêne sans pouvoir les comprimer. Ses premiers mouvements d'indépendance et d'insubordination ont un caractère de générosité qui séduit l'observateur sans expérience. C'est d'abord une noble protestation contre les injustices et les abus dont le spectacle se révèle pour la première fois à cette âme candide; mais bientôt après, il s'en prend à l'autorité paternelle, à l'autorité divine, à tout ce qui contrarie l'expansion de ses appétits déréglés. Il ne voit plus dans les croyances de ses pères que mensonges et préjugés, et dans la loi divine qu'un code de tyrannie. N'ayant plus alors aucun frein qui le contienne, il s'abandonne à ses instincts et finit par descendre jusqu'aux derniers degrés de la dépravation.

Tel fut, selon moi, le peuple français de 1789; son réveil avait quelque chose de grand et de généreux; son ardeur contre les abus trop réels de la société du dix-huitième siècle promettait une ère de réformes et d'améliorations; mais ce beau zèle ne tarda pas à dégénérer en une orgie épouvantable.

Que choisir, je vous le demande, dans cet affreux tohu-bohu d'idées disparates, de passions hideuses et d'aspirations insensées? Mgr le comte de Chambord a été bien mieux inspiré, quand il a dit dans son manifeste du 5 juillet :

« Dieu aidant, nous fonderons *ensemble* et quand
« vous le voudrez, sur les larges bases de la décentra-
« lisation administrative et des franchises locales, un
« gouvernement conforme aux besoins réels du pays.

« Nous donnerons pour garantie à ces libertés pu-
« bliques, auxquelles tout peuple chrétien a droit, le
« suffrage universel honnêtement pratiqué et le con-
« trôle des deux Chambres, et nous REPRENDRONS, en
« lui restituant son caractère véritable, LE MOUVEMENT
« NATIONAL DE LA FIN DU DERNIER SIÈCLE. »

Ici, vous le voyez, rien d'arbitraire, rien de hasardé. La reconstitution de la France trouve sa base, une base aussi solide que rationnelle, dans la loi nationale qui l'a régie pendant tant de siècles et dans les principes éternels du christianisme; elle y trouve aussi un point de départ bien déterminé, dans la déclaration du roi Louis XVI, résumant et sanctionnant les vœux librement exprimés de la nation.

Quand on s'appuie sur de tels fondements, on peut sans crainte remonter aux légitimes aspirations de 1789 et se lancer hardiment dans le champ, en quelque sorte indéfini, de réformes et de progrès qui s'ouvre à l'imagination.

Quoi qu'il en soit, par votre point de départ et de votre propre aveu, vous appartenez à l'école révolutionnaire. Il me serait facile de prouver que vous lui appartenez aussi par votre méthode. Ce fait étant constaté, étudions le corps même de la doctrine que vous professez.

Vous vous déclarez partisan d'une large liberté, de la liberté pour tous, et c'est là le principe que vous croyez avoir emprunté à la Révolution.

C'est une grande chose que la liberté, M. le Comte; mais qui la comprend ? En 1830, nous avons vu arracher les croix, profaner les églises, pourchasser les prêtres et démolir l'archevêché de Paris au cri de Vive la liberté ! Dans les mauvais jours de 1848, j'ai entendu, bien distinctement et à plusieurs reprises, mêler à ce cri celui de Vive, la guillotine ! Est-ce que ces frénétiques comprenaient la liberté ?

Ce n'est pas ainsi que vous l'entendez, je le sais; mais il est certain que nous ne la comprenons pas, vous et moi, de la même façon. Qui de nous a raison ?

Vous avez fait de la liberté, vous et les vôtres, un principe indépendant, absolu, supérieur à tout, qui peut et doit tout protéger, même l'Eglise. L'Eglise sera forte, nous ont souvent répété les maîtres et les disciples du catholicisme libéral; l'Eglise sera forte contre toutes les tyrannies, quand elle pourra invoquer le droit commun : le droit de réunion, le droit d'association, le droit de propagande par la parole et par la presse, etc. Ceci prouve la solidité de votre foi, puisque vous ne craignez pas de convier toutes les erreurs, tous les sophismes, toutes les hérésies, toutes les négations à venir lutter contre la vérité, je ne dis pas à armes égales, mais avec les armes prohibées qui sont toujours à l'usage de ses adversaires; et dont un honnête homme ne peut se servir sans cesser d'être honnête homme; mais ne craignez-vous pas, vous tous qui semblez accepter la formule révolutionnaire du droit *commun* et qui provoquez la lutte sur ce terrain, ne craignez-vous pas, dis-je, de trop présumer de vos propres forces et de compromettre, par votre hardiesse, la cause pour laquelle vous montrez un zèle si ardent et si vrai ?

Pendant l'Empire, quand la tribune française était muette, vous vous étiez fait en Belgique une tribune supplémentaire, pour y combattre les bons combats de la parole chrétienne. Le spectacle de ces tournois avait quelque chose d'imposant ; et, quand m'arrivaient les comptes-rendus de ces grands congrès catholiques de Malines, quand je lisais ces magnifiques discours qui retentissaient partout et communiquaient aux âmes chrétiennes de toute l'Europe des frissons d'amour et d'espérance, je me sentais ému jusqu'au fond des entrailles.

Je ne veux pas contester le bien qui put résulter de ces belles manifestations ; mais veuillez reporter votre pensée sur des manifestations d'un autre genre, qui eurent lieu quelques années plus tard. Lorsque, en 1870, l'Empire devenu parlementaire eut rétabli le droit de réunion, les sectateurs de la libre-pensée s'empressèrent d'ouvrir des clubs dans tous les quartiers de Paris et d'élever des tribunes aux orateurs les plus dévergondés. On entendit là les Raoul-Rigault, les Peyrouton, les Gaillard, les citoyennes Minck et Desirée, nier Dieu, outrager les croyances les plus respectées, attaquer le mariage et les institutions les plus civilisatrices, devant une foule avinée et au milieu d'un désordre et d'un tumulte épouvantables. Vous savez à quels affronts s'exposèrent, sans profit, de nobles et courageux jeunes gens qui se hasardèrent dans ces assemblées désordonnées, où il leur eût été bien difficile de mettre les rieurs de leur côté.

Que pensez-vous de la lutte oratoire engagée dans de telles conditions ! Croyez-vous qu'elle ait été ou qu'elle eût pu devenir profitable à la religion ? C'était pourtant ce qu'on appelait le droit commun ?

Je ne veux pas insister sur les difficultés pratiques de votre système. Allons au fond : la double hypothèse qui lui sert de base est entièrement fausse.

J'aime aussi le droit commun, j'aime la liberté pour tous ; mais la liberté du scandale, du sophisme, du mensonge et de tant d'autres libertés de ce genre, que s'at-tribuent sans scrupule nos adversaires, ne sont point évidemment des libertés de droit commun. En fait de droit commun, je n'en connais pas d'autre que celui de faire le bien sans y être contraint. Il ne saurait y avoir de droit pour le mal ; car ce serait la négation même du devoir. Vous le pensez ainsi, je n'en doute pas ; mais en maintenant, par une sorte d'équivoque, la formule générale de l'école révolutionnaire, vous placez l'Eglise, vous vous placez vous-même dans la position la plus fausse et la plus difficile. Vous contribuez aussi à induire en erreur les masses, qui comprennent peu les distinc-tions et qui entendant parler de liberté pour tous, pour les libres-penseurs comme pour les croyants, pour les révolutionnaires comme pour les conservateurs, s'ima-ginent aisément qu'il doit y avoir aussi liberté pour TOUT.

Il n'est pas vrai non plus que la liberté soit un prin-cipe supérieur sous lequel l'Eglise doive chercher et puisse trouver un abri ; car ce n'est pas la liberté qui a fait l'Eglise. C'est, au contraire, l'Eglise qui a engendré la liberté ; et, bien loin que ce prétendu principe puisse protéger le catholicisme, vous verriez se reproduire toutes les horreurs de l'esclavage antique, si cette grande institution venait à disparaître.

Veuillez remarquer, en effet, que partout où l'influence du christianisme vient à baisser, la notion de la liberté s'obscurcit et l'absolutisme reparaît immédiatement sous des formes plus ou moins hypocrites, même et surtout, sous la forme parlementaire.

La liberté ne se fonde point par un vote, après une brillante discussion, ainsi que le fait supposer votre système. Elle a été léguée au monde par le Fils de Dieu, du sommet du Calvaire; et c'est l'Eglise qui nous l'a conquise sur la barbarie par la parole de ses apôtres, l'énergie de ses confesseurs, le sang de ses martyrs, et surtout par la grâce fécondante du sang de Notre-Seigneur Jésus-Christ. C'est l'Eglise qui la conserve et la propage, toujours par les mêmes moyens.

Celui qui comprend et apprécie sa dignité, qui, à force d'énergie, est parvenu à dompter toutes ses passions et qui s'est mis ainsi en pleine possession de lui-même, celui qu'on ne peut prendre ni par les hochets de la vanité, ni par l'appât de l'or, ni par la volupté, ni par la peur, celui-là est vraiment libre et seul vraiment libre. Que peuvent contre lui tous les tyrans du monde? Le jeter dans les fers, le torturer, le tuer? Tant qu'ils ne l'auront point corrompu, ils n'en auront pas fait un esclave. Or il n'y a que l'Eglise qui puisse former des hommes de cette trempe, parce qu'elle connaît seule la haute dignité de l'homme et la grandeur de ses destinées.

J'ajouterai qu'il n'y a que les hommes libres qui puissent faire les Etats libres. Ne me parlez donc plus de cette logomachie de l'*Eglise libre dans l'Etat libre*. Que l'Etat n'entrave pas l'action de l'Eglise, qu'il ne l'empêche pas d'engendrer des âmes à la liberté, c'est son devoir. C'est aussi son intérêt, parce que c'est par là qu'il deviendra libre lui-même ; mais faire dépendre la liberté de l'Eglise de celle de l'Etat, c'est évidemment intervertir les rôles, c'est vouloir étouffer dans son germe la liberté.

Tenez, M. le Comte, vous êtes, ainsi que tous vos coreligionnaires, les routiniers du parlementarisme. Vous vous êtes volontairement enfermés dans cet horizon et vos yeux ne savent plus rien voir au delà. Ce sont évidemment les Etats où fleurit le régime parlementaire qui sont pour vous des Etats libres, et c'est sur eux que vous comptez pour assurer la liberté de l'Eglise. Eh bien ! dites-moi comment se comportent avec elle les gouvernements, très-parlementaires assurément, de l'Italie, de la Suisse et de l'Allemagne.

Il y a, — je le sais, — à Berlin, des orateurs pleins de talent et de courage qui défendent avec le plus grand zèle les droits des populations catholiques. Je les admire et je les loue sans réserve ; mais que peuvent-ils ? Leurs discours ne sont pas sans porter des fruits : Je le crois. Ils font rougir l'hypocrisie, consolent les gens de bien, soutiennent leur courage et raniment leur énergie; mais je ne crois pas que les plus beaux mouvements d'éloquence puissent jamais venir à bout des persécuteurs. Les vrais défenseurs, les défenseurs efficaces de la liberté, ce sont les religieux qu'on dépouille et qu'on expulse, ce sont les évêques et les prêtres dont on vend les meubles dans la rue et qu'on traîne ensuite ignominieusement en prison, sans les faire dévier de la ligne de leurs devoirs et sans les abattre; ce sont ceux-là, croyez-le bien, qui renverseront un jour l'odieux Bismarck et rendront sa liberté à l'Eglise d'Allemagne.

Quand une nation se trouve placée, par une cause quelconque, sous le régime parlementaire, les hommes doués comme vous d'une parole puissante, doivent être toujours prêts à prendre la défense de l'Eglise et de ses droits, pourvu toutefois que des motifs de haute moralité ne s'opposent pas à leur entrée dans le Parlement; mais vouloir à tout prix imposer le régime parlementaire à un peuple, sous prétexte que la religion y trouvera sa sécurité et sa liberté, c'est, selon moi — veuillez me pardonner cette expression — une véritable folie. Je ne connais pas, en effet, de gouvernement plus absolu et dont la tyrannie soit plus irrésistible que celui qu'on appelle le gouvernement du pays par le pays. En théorie, c'est l'oppression de la minorité par la majorité ; en fait, c'est le plus souvent l'oppression de la majorité par une minorité audacieuse et rusée. En vérité, quand on voit certains hommes éminents, après des expériences si malheureuses, vouloir à tout prix imposer au monde un tel régime, on serait tenté de croire qu'ils veulent mettre le bon Dieu dans l'impossibilité de se passer de leur concours.

Vous le voyez, M. le Comte, vous appartenez aussi à l'école révolutionnaire par les points principaux de votre doctrine.

Nous devons maintenant en examiner les conséquences.

III

Nous avons pu constater la funeste influence exercée sur le parti dont vous êtes le chef par les doctrines que je viens d'exposer, quand nous avons vu, dans les premiers mois de 1870, l'enthousiasme peu édifiant avec lequel plusieurs de nos anciens amis accueillaient l'inauguration du régime parlementaire.

Si nous revenons au temps de l'Empire, il nous sera facile de constater que la polémique dirigée contre lui par le parti libéral tout entier, s'attaquait presque exclusivement au *pouvoir personnel* de l'empereur, qu'on opposait ainsi au pouvoir parlementaire. Tous les malheurs, toutes les fautes venaient, à les entendre, du *pouvoir personnel*. Tout devait être bien et tourner à bien le jour où l'empereur aurait abdiqué son pouvoir personnel. Or, il fallait bien peu de perspicacité pour s'apercevoir que les attaques des libéraux s'adressaient autant aux intentions présumées de Mgr le Comte de Chambord qu'au système impérial. C'était Henri V qu'on cherchait à atteindre en frappant sur le *pouvoir personnel* de Napoléon III.

Aussi, quand celui-ci se livra sans réserve au parlementarisme, qui devait le perdre, grande fut la joie parmi ceux des nôtres qui s'étaient épris d'un amour vraiment platonique pour l'abstraction parlementaire et qui se sentaient déjà consolés de l'éloignement de la monarchie légitime par la réalisation de leurs aspirations utopistes. Elle fut grande surtout cette joie chez les habiles qui voyaient le succès de leurs manœuvres. Les doctrines légitimistes avaient été déjà altérées par les préjugés qu'ils avaient fait prévaloir dans certaines intelligences relativement à la fusion, au drapeau et au serment. L'habileté avec laquelle ils avaient dirigé leurs attaques contre le *pouvoir personnel* pouvait faire considérer le changement qui venait de s'opérer comme un échec pour la politique attribuée au roi. Tout leur réussissait donc, et ils ne désespéraient pas de voir les fidélités qu'ils avaient su habituer à des idées de résistance et d'indiscipline, se laisser accoutumer de même et peu à peu à la pensée d'une défection.

Il nous a été facile d'apprécier les progrès désastreux de ce parti lors des élections de 1871.

Dans la situation où nous étions alors et avec les dispositions des populations en ce moment d'épouvantable crise, il serait inévitablement sorti du scrutin électoral une forte majorité carrément royaliste, si le parti légitimiste avait su garder son unité et l'intégrité de ses doctrines. Poussée par ses instincts de conservation, la France cherchait les représentants de la monarchie, persuadée qu'ils pouvaient seuls l'arracher à la situation calamiteuse où les factions révolutionnaires l'avaient placée. Il ne lui tomba presque sous la main que des fusionnistes, des fusionnistes de droite et des fusionnistes de gauche. De là cette masse de conservateurs bigarrés, sans cohésion et sans consistance, qui nous donnent depuis quatre ans le spectacle d'une impuissance déplorable et qui semblent ne s'être accordés que pour livrer à la Prusse l'Alsace et la Lorraine, et aux illuminés de la République, le reste de la France.

Je ne reviendrai pas sur les fautes commises, dès le début, par cette majorité qui avait fait naître tant d'espérances. Qui ne les connaît, qui ne les juge aujourd'hui avec la sévérité qu'elles méritent ? Mais j'aimerais à retracer, — malgré les tristesses qu'inspire cette histoire, — les péripéties de la lutte que le roi de France a dû soutenir, non pas tant contre les ennemis de la monarchie que contre ceux dont il était en droit d'attendre l'appui et le concours, contre les tartuffes de la fusion, qui ne feignaient d'aller à lui que pour le faire tomber dans le piége, et contre ces fusionnistes naïfs, qui prétendaient le servir par leur résistance, qui avaient mis l'indiscipline au nombre des grandes vertus politiques et dont le programme consistait à faire la fusion à tout prix : avec le roi, s'il consentait à les suivre ; sans le roi et même contre le roi, s'il résistait à leur pression ; lutte sublime, dans laquelle ce prince généreux n'était soutenu que par la force de son droit et par sa loyale et franche énergie ; car la plupart de ses vrais amis, de ses amis dévoués, se montraient trop souvent vacillants, indécis, et ne le suivaient que de loin : *sequebantur à longè ;* lutte sublime, répéterai-je encore, où le prince a été vaincu par les roués de la politique, puisqu'il est encore dans son exil, malheureusement pour la France ; mais où il a triomphé de toutes leurs machinations, puisqu'ils n'ont pu le faire descendre des hauteurs où l'ont placé sa naissance, le souvenir des rois ses ancêtres et, plus que tout cela peut-être, la noblesse exceptionnelle de son caractère.

Oui, je voudrais pouvoir placer sous les yeux de tous cette belle figure de roi, en présence de l'hypocrisie des uns et de la faiblesse des autres; mais je ne puis, dans le cadre que j'ai dû me prescrire, que signaler rapidement les principaux incidents de cette lutte.

Vous n'avez pas oublié le manifeste du 5 juillet 1871 et l'émotion profonde qu'il produisit en France et dans toute l'Europe. Ce langage net et plein de franchise avait arraché un véritable cri d'admiration dans les rangs même des ennemis de la monarchie; et si les légitimistes de l'Assemblée avaient secondé, par une adhésion sympathique et sérieuse, l'élan donné à l'opinion par la parole royale, la position pouvait être enlevée par un mouvement spontané d'enthousiasme populaire.

Au lieu de cela, quelques représentants appartenant à la droite *modérée* se réunissent et rédigent une note sèche, froide, presque malveillante, dans le dessein d'amortir l'effet du manifeste de Chambord.

Cependant, la note des 16 n'avait pas tout à fait atteint son but. Vous entrez alors en scène, vous qui aviez toute sorte de droits pour vous abstenir, puisque vous ne faites point partie de l'Assemblée; vous arrivez à Versailles au commencement de l'année 1872; et, dans une réunion extra-parlementaire, vous tracez un nouveau plan de campagne, indiquant les conditions qu'il faut imposer au roi, déclarant hardiment, à l'encontre de toutes les traditions monarchiques, que M. le comte de Paris, étant l'héritier légitime du trône, a le droit de veiller sur son héritage, et opposant ainsi le petit-fils de l'usurpateur au petit-fils du roi légitime.

La réponse ne se fit pas attendre. Mgr le comte de Chambord disait à la France, dans son manifeste du 25 janvier :

« Je l'ai répété souvent, je suis prêt à tous les sacri-
« fices compatibles avec l'honneur, à toutes les con-
« cessions qui ne seraient pas des actes de faiblesse.

« Dieu m'en est témoin, je n'ai qu'une passion au
« cœur, le bonheur de la France ; je n'ai qu'une ambi-
« tion, avoir ma part dans l'œuvre de reconstitution qui
« ne peut être l'œuvre exclusive d'un parti, mais qui
« réclame le loyal concours de tous les dévouements.

« RIEN N'ÉBRANLERA MES RÉSOLUTIONS, RIEN NE LASSERA
« MA PATIENCE, ET PERSONNE, SOUS AUCUN PRÉTEXTE,
« N'OBTIENDRA DE MOI QUE JE CONSENTE A DEVENIR LE ROI
« LÉGITIME DE LA RÉVOLUTION. »

Ce manifeste remua profondément les âmes, comme celui du 5 juillet, et, cette fois, quelques députés de l'extrême droite rédigèrent et publièrent un acte d'adhésion pleine et entière aux sentiments si nobles, aux résolutions si fermes exprimées dans ce mémorable document ; mais vos amis de l'Assemblée comprirent autrement leur devoir. Dociles à vos conseils, ils se formèrent en conciliabule et formulèrent un projet de constitution que le roi de France devait accepter avant de monter sur le trône.

On faisait la fusion sans le roi ; mais la fusion ne se fit pas, parce que les orléanistes, que l'on pensait contraindre à force de concessions, reculaient toujours quand on avançait vers eux, et opposaient sans cesse de nouvelles exigences à toute nouvelle concession. Cette fois ils firent un contre-projet de constitution inacceptable pour la droite la plus modérée. Le projet de vos amis s'arrêta donc aux 80 signatures qu'ils avaient recueillies, et les choses restèrent dans cet état jusqu'au mois d'octobre 1873.

M. Thiers avait été renversé et remplacé par Mac-Mahon, M. le comte de Paris s'était réconcilié avec son roi. L'heure paraissait propice pour faire la monarchie. Le centre droit voulut s'en réserver la gloire et nous fûmes priés, nous, les royalistes de toujours, de nous tenir à l'écart et de garder le silence, pendant que l'orléanisme traitait avec le roi.

Redirai-je maintenant la triste comédie dont nous avons été les spectateurs? Redirai-je les savantes intrigues nouées par les habiles, ces restrictions malheureuses, ces procès-verbaux falsifiés ou dérobés à la publicité, ces mensonges si habilement propagés qui forcèrent le roi à prendre la parole pour rétablir les faits? Redirai-je enfin cet *effarement* inexplicable qui suivit la lettre de Salzbourg, cet *effarement* si bien préparé et si bien simulé, qu'il entraîna un grand nombre des plus fidèles au vote du 20 novembre?

Nous connaissons tous cette lamentable histoire, et nous en voyons aujourd'hui les conséquences.

Vous étiez de très-bonne foi, vous et tous vos fusionnistes. Vous mettiez, — quelques-uns du moins, — les intérêts du parlementarisme au-dessus de ceux de la royauté; vous auriez mieux aimé peut-être le parlementarisme sans le roi, que le roi sans le parlementarisme; mais je suis convaincu que vous vouliez franchement l'union de la royauté légitime et du régime qui a vos préférences; mais vos alliés de l'orléanerie étaient-ils eux-mêmes bien sincères?

Une accusation de mauvaise foi est une chose fort grave, et il est rare qu'elle soit juste quand elle s'adresse à tout un parti.

Dans le cas présent, je me garderais bien d'accuser tout le centre droit de duplicité. Je crois, au contraire, que la masse de ce groupe était très-sincèrement résignée *à subir le roi légitime*, arrivant dans les plis du drapeau tricolore et garrotté fortement dans les chaînes dorées d'une charte constitutionnelle; mais êtes-vous sûr qu'ils fussent tous dans les mêmes dispositions? Il est du moins permis d'en douter.

Or il suffit, — vous le savez bien, — d'une demi-douzaine de meneurs pour détourner de sa voie tout un parti, et l'habileté des habiles consiste à se servir des plus honnêtes pour mener à bien les complots de la la fourberie. Pourriez-vous m'affirmer que la demi-douzaine des meneurs ne s'y trouvait pas?

Supposons donc que Mgr le comte de Chambord, se donnant à lui-même un honteux démenti, eût accepté le drapeau tricolore et le reste; la proposition pour le rétablissement de la monarchie constitutionnelle aurait été portée à l'Assemblée. Aurait-elle été adoptée? Il suffisait de la défection de vingt-cinq ou trente membres du centre droit pour la faire rejeter et, cette défection, il était très-facile de l'obtenir, pendant le cours de la discussion, sous un prétexte ou sous un autre.

Que serait-il advenu si la royauté avait été repoussée par un vote solennel de l'Assemblée en des circonstances pareilles? Convaincu d'ambition ou de faiblesse, le

roi serait rentré dans son exil, doublement déshonoré
par sa condescendance et par son échec.

En présence de tant de manœuvres déloyales, Henri V
se dit à lui-même : « Sauvons d'abord l'honneur, le reste
viendra quand il plaira à Dieu, » et il signa la lettre de
Salzbourg, dont on s'est fait une arme contre lui ; mais
qui, en sauvant sa dignité, l'a préservé du plus grand
des dangers, tant il est vrai que l'honnêteté et la franchise sont, en fin de compte, ce qu'il y a de plus habile.

Il s'est rendu impossible, direz-vous peut-être avec les
autres. Il lui suffit de savoir qu'il est toujours nécessaire,
et qu'il a conservé le prestige et la liberté d'action dont
il a besoin pour remplir sa mission.

A mes yeux, loin de se rendre impossible, il a fait
échouer ou plutôt ajourner le complot tramé contre lui ;
car le septennat dans la pensée de ceux qui l'ont conçu,
n'a été qu'un ajournement du grand escamotage.

POST-SCRIPTUM

7 janvier 1875.

Le vote émis avant hier par l'Assemblée me force à remanier mes conclusions. Les considérations par lesquelles je vous démontrais en terminant, la nécessité pour tous les royalistes de l'Assemblée de refuser leurs votes aux lois constitutionnelles sont devenues inutiles. C'en est fait des lois constitutionnelles. Nous nous trouvons dans une situation toute nouvelle dont je dois tenir compte. Je me bornerai donc à quelques réflexions générales sur les devoirs des légitimistes dans les circonstances actuelles.

Nous ne savons quelles résolutions prendra le maréchal. Il n'a manifesté jusqu'ici qu'une intention, toujours la même : *J'y suis, j'y reste;* mais, outre qu'il y a une grande diversité de moyens pour accomplir ce programme si simple, en apparence, il peut se faire qu'un jour il ne demande lui-même qu'à s'en aller, et qu'il se trouve plus embarrassé pour sortir de l'impasse où ses amis l'ont fait entrer que pour y rester.

Quelles que soient ses résolutions et quoi qu'il arrive, le devoir des royalistes reste le même : c'est de se reconstituer dans leur unité.

Il est certain que l'insuccès de nos efforts pour le rétablissement de la monarchie est dû à nos malheureuses divisions, et tout fait présumer que nous ne triompherons que quand nous serons tous unis dans une même pensée. Mais sur quel terrain peut se faire cette union? Voilà la grande question; or cette question ne me semble pas bien difficile à résoudre. Nous n'avons qu'à consulter les intérêts de la France; car c'est pour elle uniquement que nous travaillons l'un et l'autre, n'est-ce pas, M. le comte?

Vous citiez, il y a quelques jours, une parole fort remarquable de M. Berryer. Permettez-moi de la reproduire en la complétant.

A la suite d'un banquet offert, à Londres, à Mgr le comte de Chambord, et dans lequel le grand orateur avait parlé du roi de France comme il savait en parler, le prince, le prenant dans ses bras, lui avait dit avec effusion : « Oh! comme vous m'aimez! » et M. Berryer, faisant un pas en arrière, lui répondit vivement : « Non,
« Monseigneur, ce n'est pas vous que j'aime, c'est mon
« pays; et si l'objet de mes vœux les plus ardents est
« de vous voir rétabli sur le trône de vos ancêtres,
« c'est que j'y vois l'assurance de la prospérité et de la
« grandeur de la France. »

Ces paroles, il n'est pas un royaliste, pas un de ces royalistes qu'on croit flétrir en les nommant intransigeants, qui ne les admire et ne les revendique comme l'expression de ses propres pensées et de ses propres sentiments. La royauté n'est pas à nos yeux une superstition, le roi n'est pas un fétiche, comme on feint de le croire; Henri V est pour nous, comme pour vous, le représentant de la vieille loi nationale, de cette loi qui a fait pendant quatorze siècles la force et la grandeur du pays et dont le rétablissement est nécessaire à notre salut.

Nous sommes parfaitement d'accord sur ce point, du moins, je le présume. Qu'est-ce qui nous divise? Vous pensez qu'il nous faut pour roi un esclave de haute lignée, couvert de fanfreluches dorées, mais dépouillé de tout prestige personnel, privé de toute initiative et de toute autorité, propre enfin à devenir l'instrument inerte de tout ambitieux, de tout utopiste qui arrivera au ministère. Henri V a, certes, le droit de refuser ce rôle d'automate et il le refuse très-positivement. N'a-t-il pas raison?

Voyons, M. le Comte, dans l'état où se trouve la France, déchirée par d'innombrables factions qui se la disputent, pressée de tous les côtés par la coalition de toutes les puissances révolutionnaires de l'Europe, est-ce d'un roi soliveau qu'elle a besoin? M. Thiers qui avait tant prôné, dans le temps, la maxime : *Le roi règne et ne gouverne pas*, n'en a tenu aucun compte quand il a été au pouvoir. Il a présidé et gouverné; et, le jour où l'on a voulu le ramener au rôle de président constitutionnel, il est tombé. Le maréchal de Mac-Mahon, son successeur, qui a l'armée dans sa main, n'ose pas se passer de l'état de siége. Le voilà réduit aujourd'hui à prendre son ministère dans la minorité, contrairement aux usages parlementaires, et, malgré cela, malgré l'action personnelle qu'il exerce par ses messages, nul ne sait comment il pourra nous sauver et se sauver lui-même. Il est enfin évident que la nécessité d'un pouvoir libre et fort, dans les circonstances présentes, augmente singulièrement les espérances et les chances du bonapartisme; et vous viendriez dire au comte de Chambord : « Le pays a besoin de vous; mais nous ne vous permettrons de régner que si vous vous mettez volontairement dans l'impuissance de rien faire pour lui ! »

Si je vous connaissez moins, vous et les autres modérés du royalisme, je croirais, en entendant un tel langage, que vous n'offrez la couronne à ce prince généreux que pour vous donner le plaisir de renverser la légitimité une troisième et dernière fois.

Qu'est-ce, au fond, que le régime parlementaire? C'est l'apprentissage de la République; et de fait, il a toujours fini par là. 1792, 1848 et 1870 en sont la preuve. Il ne saurait d'ailleurs en être autrement. S'il est bon que le roi ne gouverne pas, il sera mieux encore de le supprimer totalement. C'est ainsi que parle la logique, et le peuple est logicien. On peut le tromper sur les prémisses; il en tire toujours les justes conséquences de celles qu'on lui donne.

Si donc vous croyez que la République puisse sauvegarder nos droits et assurer l'indépendance du pays, que ne la proclamez-vous immédiatement? l'heure ne saurait être plus propice. Si vous pensez, au contraire, que la République ne peut être, en France, que le péristyle du socialisme, pourquoi vous obstinez-vous à nous imposer un régime qui doit nous y conduire fatalement?

Vous m'objecterez peut-être, comme toujours, l'exemple de l'Angleterre, où ce régime a donné *de si heureux résultats*. Dans ce cas, je vous prierai, M. le Comte, de remarquer que l'Angleterre n'est pas la France. L'Angleterre a conservé ses lois, ses mœurs, ses usages, tandis que la Révolution a fait, chez nous, table rase de tout. Il y a en Angleterre une aristocratie qui tient dans ses mains la fortune territoriale et industrielle du pays, et en qui se concentrent tous les pouvoirs, tandis que la France est entièrement démocratique ; enfin l'Angleterre est protestante, tandis que la France est catholique, et cette différence est capitale dans une question de constitution politique.

N'affectez pas, comme vous l'avez fait ou comme l'ont fait tant de fois vos journaux, de crier à l'absolutisme. M{sr} le comte de Chambord ne refuse aucune des garanties nécessaires aux libertés publiques, et il ne revendique la juste part qui lui est due dans le gouvernement de la France, que pour nous préserver de l'absolutisme des parlements, absolutisme d'autant plus redoutable qu'il est anonyme, collectif et dégagé, par conséquent, de toute responsabilité.

Bien loin que la monarchie représentative et chrétienne que nous apporte Henri V soit un régime d'absolutisme, elle sauverait le suffrage universel, qui est pour vous un objet d'antipathie et un danger permanent ; elle accomplirait l'œuvre de décentralisation administrative, devant laquelle l'Assemblée a été forcée de reculer ; elle dénouerait enfin, d'une façon à la fois équitable et pacifique, avec le concours de l'Eglise, les inextricables difficultés de la question du prolétariat qui menace l'Europe d'un effondrement universel, si l'on ne parvient pas à la résoudre à temps.

A quelque point de vue que vous vous placiez, M. le Comte, tout vous commande de sortir au plus tôt de l'ornière des compromis révolutionnaires, pour revenir sur le terrain ferme des principes monarchiques, sur lequel seul peut se refaire l'unité du parti légitimiste et, par suite, l'unité morale de la France.

Il est dur, je l'avoue, de revenir en arrière.

Vous avez porté un immense préjudice à la cause royaliste en prenant part aux agissements qui ont précédé la grande comédie d'octobre et son triste dénouement.

Vous avez plus fait encore ; vous avez, pendant vingt-cinq ans, ravagé l'opinion légitimiste par des doctrines empruntées à la Révolution et par l'exemple de résistances que rien ne justifiait.

Vous avez dit au peuple, vos amis et vous, qui aviez été comptés, pendant si longtemps, parmi les royalistes les plus éprouvés, vous lui avez dit que la Révolution est un fait en quelque sorte souverain, qui s'impose et qu'il ne faut pas répudier. Vous lui avez dit qu'Henri V est un prince absolu, qui ne comprend ni son temps ni nos mœurs et qui veut nous ramener à l'ancien régime. Vous lui avez dit et répété à tout propos que ce prince est impossible ; et joignant l'exemple à la parole, vous vous êtes associés aux anciens ennemis de la monarchie légitime, pour nous bâcler un gouvernement sans précédent et sans nom, qui ne pouvait avoir pour but que d'écarter le roi de France des combinaisons de l'avenir.

Oui, il est dur, après cela, de chanter la palinodie et et de dire hautement que l'on s'est trompé. Vous avez cependant l'âme trop élevée pour vous arrêter devant des considérations de ce genre ; car s'il est beau de se préserver de l'erreur, il est tout aussi beau de la reconnaître et de la rejeter.

Et ne me dites pas que cette démarche de votre part n'amènerait aucun résultat. Si vos condescendances pour les conspirateurs de l'orléanisme ne leur avaient pas fait espérer qu'ils pourraient vous entraîner jusqu'au bout, si tous les légitimistes s'étaient tenus unis et fermes dans les principes et dans la discipline, même après les élections de 1871, les événements, croyez-le bien, auraient pris une toute autre tournure.

Rien n'est perdu, puisque les principes sont saufs, puisque l'honneur de notre roi est sauf. Nos adversaires ne sont pas au bout de leurs déceptions, et il ne leur reste déjà plus que le choix des fautes. Retrouvons notre force dans notre unité, et les circonstances ne manqueront pas où cette force s'exercera pour le bien de la monarchie et pour celui de la France. C'est au surplus une grande consolation, en cas d'échec, de pouvoir se rendre ce témoignage qu'on a fait son devoir.

Revenez donc à vos anciens amis, à des amis qui vous ont aimés et admirés et qui ne vous épargneront, soyez en sûrs, ni l'admiration, ni l'affection.

FIN

TOULOUSE, IMP. HÉBRAIL, DURAND ET DELPUECH.